FOLIO JUNIOR

UN ROMAN EN SIX PARTIES :

1/ L'ATTAQUE DES VERS GÉANTS
2/ LA GUERRE DES MOUTONS
3/ LA GRENOUILLE TUEUSE
4/ FAUX FRÈRE
5/PIÈGE À RAT
6/ LE BOUT DU TUNNEL

Pour en savoir plus,
rendez-vous à la p. 95

Morris Gleitzman
et Paul Jennings

Dément !

2/ La guerre des moutons

Traduit de l'australien
par Olivier de Broca

FOLIO JUNIOR/GALLIMARD JEUNESSE

Titre original : *Wicked ! (Part Two : Battering Rams)*
Edition originale publiée par Puffin Books–Penguin
Books Australia Ltd, 1997

UN

Il faisait une nuit d'encre. J'étais dans une casse déserte, à des kilomètres de la maison. Pas très loin de moi, il y avait un bus déglingué dans lequel se trouvait le seul souvenir de ma mère. Des vers géants se pressaient contre le portail de la casse, impatients de me vider les entrailles.

Et qu'est-ce qui me faisait courir dans le noir, en proie à une peur panique ?

Un chien.

Kate la mauviette, voilà comment m'aurait appelée Randy. Hé bien, il aurait eu tort. Parce que ce chien était un vrai tueur. Il avait un rictus mauvais et des crocs gigantesques. Sa salive faisait des bulles, et pas à cause du savon. Quand il m'a foncé dessus, gueule ouverte, prêt à mordre, j'ai pris mes jambes à mon cou.

D'énormes épaves de machines agricoles se profilaient dans la pénombre. Je me suis écorché le bras sur un bout de métal rouillé. J'ai continué ma course jusqu'à ce que, trébuchant, je m'étale lourdement dans la poussière. Le cœur battant, je me suis relevée, m'attendant à voir des dents encore pleines de pâtée pour animaux me sauter à la gorge.

Mais le molosse était devant le portail, en train d'aboyer après les langues visqueuses des vers géants. Les battements de mon cœur ont ralenti : ils sont passés de très très rapides à très rapides. Le chien s'en prenait aux vers, pas à moi !

Sous la faible clarté de la lune, j'ai vu que mes mains en tremblaient de soulagement.

Puis j'ai entendu un pas de course qui se rapprochait.

– Randy...

J'ai essayé de crier son nom mais tout ce qui est sorti de ma gorge desséchée, c'est un feulement rauque.

J'ai scruté les ténèbres dans l'espoir de voir surgir Randy. Comme demi-frère, ce n'était pas un cadeau, mais à cet instant précis, j'aurais donné cher pour le revoir.

Mais ça n'était pas lui. C'était un mouton.

Nos regards se sont croisés, étonnés. Puis le mouton a souri.

J'ai cligné des yeux. Etait-ce un tour de mon imagination ? La peur me brouillait-elle le cerveau ? D'habitude, les moutons ne sourient pas.

« Kate, redescends sur terre, me suis-je dit. Il a dû avoir un renvoi ou quelque chose comme ça. »

Un bruit de métal qui se tord a fait sursauter le mouton. Je me suis tournée vers l'endroit d'où venait le vacarme. Le portail pliait lentement vers l'intérieur. Et brusquement il a cédé.

Une marée de vers géants s'est déversée dans la casse.

Je suis restée paralysée par la peur. Je savais qu'ils avaient grossi, mais pas à ce point ! Ils étaient plus gros que le mouton. Sous les rayons de lune, on aurait dit un troupeau d'aspirateurs sans roue, mais prêts pour le grand nettoyage.

Je préférais ne pas voir ce qu'ils allaient faire du chien, mais je n'ai pas détourné le regard assez vite. L'image hideuse s'est gravée au fer rouge dans mon esprit. J'en avais la nausée. Aucun chien sur terre ne méritait un sort pareil, même un chien méchant. Un demi-frère encore moins.

J'ai essayé de crier : « Randy ! » mais j'avais les cordes vocales nouées et je n'ai réussi à émettre qu'un couinement plaintif.

Mes yeux affolés l'ont cherché du côté où je l'avais aperçu pour la dernière fois. Ce coin grouillait de vers. Je distinguais leurs yeux brillants. Et leurs langues baveuses.

Un sanglot m'a étreint la gorge.

Ils se dirigeaient vers moi.

Au moment où je m'apprêtais à prendre la fuite, j'ai entendu quelqu'un s'approcher en courant.

Dieu soit loué. Randy était vivant.

Je me suis précipitée. Et bientôt une silhouette est apparue devant moi. J'ai voulu crier mais j'avais le souffle coupé.

La silhouette n'en menait pas beaucoup plus large que moi. Elle haletait et râlait. Ses cheveux blancs volaient au vent. Sa grosse bedaine se soulevait et retombait à chaque pas.

Mon estomac aussi a fait un drôle de bond. Ça n'était pas Randy ! C'était le vieux gardien.

– Attendez ! ai-je crié en inspirant une goulée d'air. Randy est là-bas. Aidez-nous.

Le gardien ne s'est pas arrêté. J'ai accéléré en forçant sur mes cuisses. Je l'ai rattrapé devant sa voiture, alors qu'il tripotait son trousseau de clés.

– Je vous en prie. Au secours !

Il s'est tourné vers moi et il a poussé un cri.

– Aaah !

C'était la première fois qu'un adulte hurlait de peur en posant les yeux sur moi, et, l'espace de quelques secondes, je n'ai pas su quoi dire.

Puis j'ai repris mes esprits :

– Vous êtes notre dernier espoir. Ma mère est morte, le père de Randy s'est envolé dans la nature, mon papa et la maman de Randy ont eu un accident pendant leur lune de miel et ils ont disparu, alors ils sont peut-être morts eux aussi...

A bout de souffle, j'ai attendu qu'il digère ma tirade et qu'il sorte de son coffre les fusils à gros calibre spécial antivers géants.

Au lieu de ça, il m'a regardée fixement.

– Vous n'êtes qu'un mauvais rêve.

Et il m'a envoyée promener.

J'étais suffoquée. Mais je n'avais pas le temps de me morfondre dans cet état.

– Mais je suis bien réelle !

En guise de preuve, je lui ai donné un coup de pied dans la cheville.

Il a grimacé et s'est frotté la jambe avec son autre pied.

– Cette douleur aussi est imaginaire, a-t-il continué. Toubib à la noix. Quel intérêt de prendre ces pilules pour le cœur si elles me donnent des visions et des palpitations ?

Il a balancé un flacon de gélules dans le

noir. Puis il est monté dans sa voiture, il a claqué la portière et il a mis le moteur.en marche

– Attendez ! On n'est que des enfants. Deux. Peut-être un seul à l'heure qu'il est.

Les pneus ont projeté de la terre et la voiture a foncé tout droit, aplatissant un deuxième portail rouillé dans un nuage de poussière.

A mesure que les feux arrière disparaissaient dans le noir, je me sentais devenir toute petite, moi aussi. Et très seule. J'avais soudain envie de voir mes parents, de sentir leurs bras autour de moi et d'entendre leurs voix douces. Je me suis accroupie par terre et j'ai fermé les yeux très fort pour que les larmes ne me piquent pas trop.

D'abord, j'ai cru que ce bruit bizarre – comme un gros reniflement – était dû à mes sanglots. Puis j'ai ouvert les yeux et j'ai vu qu'il n'en était rien.

Un ver, le plus gros de tous, se dandinait lentement à environ une longueur de voiture de moi. Ses yeux verts fixaient les miens et je pouvais voir jusqu'aux veinules bleues de ses langues visqueuses.

J'ai poussé un cri.

Les yeux du ver ont brillé plus fort. Il a glissé vers moi comme un gros sac sur le tapis roulant d'un aéroport, quand une bouteille de shampooing a fui et a dégouliné partout.

En reculant, ma jambe a buté dans quelque chose. Un piquet de clôture qui dépassait d'un amas de ferraille. Je l'ai attrapé, je l'ai brandi au-dessus de ma tête, j'ai fermé les yeux et je l'ai abattu de toutes mes forces sur le ver.

Le choc a été rude.

Je m'attendais à un bruit mou et ça a été un bruit mat. Le ver était une vraie boule de muscles. Le poteau a vibré. Mes mains, mes bras, mes épaules et mes intestins aussi.

J'ai ouvert les yeux.

La barre de fer était tordue.

Le ver reculait. Puis il s'est arrêté, il a tressauté et, tout à coup, il est devenu flasque comme un morceau de foie quand on le sort de l'emballage en Cellophane.

Je n'arrivais pas à en détacher mon regard.

Au bout d'un moment, je lui ai lancé un boulon. Le bout de métal s'est presque enfoncé dans la chair. Le ver n'a pas bougé. Ses yeux étaient d'un gris terne.

J'ai regardé à l'autre bout de la casse. Le bus rouillé était complètement encerclé par une meute de vers, toutes langues dehors.

Le bus de maman.

Brusquement mes doigts n'étaient plus engourdis. Le sang battait fort dans mes veines. J'ai pensé à papa, le seul de mes parents encore en vie, sans doute la prochaine victime au menu des vers géants. Un gamin tout maigrichon et un chien n'allaient pas les rassasier longtemps.

Ma barre de fer à la main, j'ai marché lentement en direction des vers.

D'accord, il y en avait un paquet. D'accord, j'étais toute seule.

Mais cette fois j'étais aussi en colère qu'eux.

DEUX

Lorsque les vers ont envahi la casse, j'ai claqué la porte du bus et j'ai regardé par la vitre avec des yeux terrifiés. Ils avançaient vers moi, les langues frétillantes, en quête d'un bon repas. Depuis que je m'étais coupé sur la clôture en essayant de leur échapper, ils avaient suivi les taches de sang que j'avais laissées derrière moi.

A quelques mètres du bus, ils se sont soudain arrêtés. Ils ont humé l'air, leurs yeux brillants de haine dans l'obscurité.

Au début, j'ai cru qu'ils se préparaient à charger. Mais non. Quelque chose les retenait. Ils semblaient avoir peur du bus, mais pas au point de renoncer complètement. Au lieu d'attaquer, ils se sont mis à ramper les uns autour des autres comme des sacs-poubelle remplis de vase. Finalement, ils ont encerclé le bus. J'étais pris au piège.

Pourquoi ne donnaient-ils pas l'assaut ?

J'ai regardé autour de moi. La chaussure. La chaussure de la mère de Kate. Elle était morte dans ce bus. Même que j'y étais. Mais je ne me souvenais pas de ce qui s'était passé. Des milliers de fois, j'avais essayé de me rappeler. En vain. Le souvenir était perdu. Broyé par le choc de l'accident.

La mère de Kate était-elle ivre ce jour-là ? Avait-elle délibérément lancé le bus dans la rivière, comme le murmuraient certains ? C'est de sa faute si je boitais. Sans elle, je pourrais courir plus vite que Kate. Et puis si elle était encore en vie, Kate ne serait pas ma demi-sœur. Ma maman serait toujours mariée avec papa. Et on serait très heureux. Tout ça, c'était à cause de Louise.

Cette chaussure m'énervait. Elle venait me

rappeler que la mère de Kate avait détruit le bus. Avec moi à l'intérieur.

J'ai ramassé la vieille chaussure.

Dehors, dans la nuit, j'ai entendu un grand sifflement. Comme si une centaine de bouches avaient inspiré de l'air en même temps. C'étaient les vers géants. Ils clignaient des yeux et soufflaient bruyamment.

Eux non plus, ils n'avaient pas l'air d'aimer la chaussure.

Sans réfléchir, j'ai couru à la porte et j'ai lancé la chaussure comme une grenade à main.

– Prenez ça !

La chaussure a rebondi au milieu d'un groupe de ces monstrueuses bestioles pour atterrir près de la carcasse d'une LandRover. Les vers se sont mis à couiner et à reculer en gigotant. J'ai été pris d'un fou rire hystérique. Ça ne leur plaisait pas du tout. La chaussure les dérangeait.

A l'écart, un petit groupe pourtant semblait avoir d'autres soucis.

Allongés dans la pénombre, ils poussaient

d'étranges râles. Comme s'ils étaient malades. Leur respiration oppressée me donnait des spasmes de révulsion.

J'ai regardé autour du bus. Il n'y avait aucune issue. L'aube était loin. Kate aussi.

Si elle était encore de ce monde…

Je restais seul.

Je me suis écroulé sur le sol et j'ai enfoui la tête entre mes mains. Mes doigts tailladés me faisaient mal. Je me sentais pris d'un terrible accès de fièvre. L'intérieur du bus semblait se gondoler. Il se passait des choses bizarres. Mon corps tout entier était agité de frissons incontrôlables.

Comme souvent, j'ai cherché un peu de réconfort auprès de ma poupée à tête de pomme. Comme un enfant serre son nounours dans le noir.

J'ai essayé de me concentrer. Le dernier cadeau de mon père. Mais cette fois, il ne m'apportait aucun réconfort. Était-ce mon imagination, ou bien ma poupée était-elle en train de se transformer ?

Oui, aucun doute, elle changeait. Lentement d'abord, de sorte que je voyais mal ce qui se passait. Plus vite ensuite.

Le visage s'est boursouflé. Les yeux ont rétréci. De petites dents cruelles sont apparues entre ses lèvres. Des oreilles en pointe ont poussé sur sa tête. La bouche s'est ouverte et une langue fourchue en est sortie.

Puis le comble de l'horreur. Pire que tout. Bien pire…

Elle a émis un ricanement aigu et sardonique. Comme un grincement de tronçonneuse.

La tête déformée s'est mise à enfler de plus en plus, jusqu'à atteindre la taille d'un ballon de football. Bang, psitt, crac ! Elle a explosé en dégageant la puanteur de mille pets.

De la pomme, il ne restait plus qu'une peau sèche qui s'est mise à fumer avant de prendre feu.

Oh, non, non, non ! J'ai lâché les débris de la poupée et j'ai poussé un cri.

Le cauchemar ne finirait donc jamais ?

Tout s'est mis à changer autour de moi. Je devinais que le bus avait d'autres secrets répugnants à livrer. Soudain, les banquettes n'étaient plus déchirées. Le compteur avait retrouvé un cadran flambant neuf. J'ai jeté un œil à travers le pare-brise. L'arbre qui avait poussé sous le capot était toujours là. Mais il était plus petit. Il n'était pas cassé ni taillé. Juste plus petit.

Je l'ai regardé. Il rétrécissait à vue d'œil. Doucement, tout doucement, l'arbre diminuait.

– Il dé-pousse !

Un bruit m'a fait lever le menton. Un papillon de nuit bourdonnait à une vitesse incroyable autour de ma tête. Si vite que j'arrivais à peine à le voir.

J'ai baissé les yeux. A côté de moi, par terre, un petit lézard a détalé pour disparaître dans un petit trou. Il marchait à l'envers !

J'ai secoué la tête avec incrédulité.

– Mais qu'est-ce qui se passe ici ?

Personne n'a répondu. J'étais tout seul.

Sur la paroi du bus, une plaque de rouille s'estompait peu à peu, bientôt remplacée par une couche de peinture rouge. Une affiche jaunie retrouvait ses couleurs vives. La photo d’un médecin me contemplait. Sous la photo, en lettres majuscules, on pouvait lire ces mots : « VOUS ÊTES MALADES ? NOUS SOMMES LÀ POUR VOUS AIDER. »

J’ai regardé dans l’allée. Il n’y avait personne. Personne pour m’aider.

Le squelette de la chèvre était toujours assis sur la banquette où l’animal était venu mourir. Mais il avait changé. Ses os n’étaient plus blanchis. Des lambeaux de chair et de peau séchées s’accrochaient à certaines côtes.

J’ai écarquillé les yeux. La dernière fois que j’étais monté dans le bus, ces os étaient aussi secs et lisses que du vieux bois. J’ai reculé, incapable de crier.

Une autre odeur infecte a empli l’air. Une odeur de charogne. Mes yeux ruisselaient, mon estomac se soulevait à mesure que ces émanations répugnantes empoisonnaient l’atmosphère. Me bouchant le nez, j’ai couru à une fenêtre cassée pour respirer de l’air frais.

Je n’ai eu le temps de prendre que quelques bouffées. La fenêtre brisée s’est dé-brisée.

Des éclats de verre ont jailli du sol. En un instant, la vitre était reconstituée. Je suis tombé sur un siège et je me suis mis à hurler de toutes mes forces, sans pouvoir m'arrêter.

Chaque cellule de mon corps me suppliait de quitter ce bus. Cette prison fétide. Ce refuge maudit. En train de se reconstruire.

Sous mes yeux épouvantés, la chair se reformait sur les os de la chèvre.

Des vers géants. Une chèvre qui reprenait vie. Une fenêtre qui se reformait. Un bus qui se réparait tout seul.

Affreux, affreux.

Mais tout ça, ce n'était rien comparé à la vision qui venait d'apparaître dans mon esprit affolé. Une vision qui ne me quitterait plus. Comme le nom de Karl écrit sur le parquet de ma chambre...

Le visage... Le visage mauvais qui s'était superposé à celui de ma poupée juste avant qu'elle n'explose...

C'était le visage de mon père.

TROIS

Surtout garde la tête froide », me suis-je dit en marchant à grands pas dans la casse. Il faut avoir les idées claires quand on s'apprête à massacrer une centaine de vers géants à coups de piquet métallique.

Mais ma tête refusait d'entendre ses appels au calme. Papa occupait toutes mes pensées. Je me demandais si j'avais des chances de le revoir un jour.

Cette sombre pensée aurait dû me mettre dans une colère noire. Me déterminer à exterminer les vers géants. Mais non. Elle ne faisait que m'attrister.

A mesure que j'approchais, j'ai senti ma rage se dissiper. Mes jambes se sont faites pesantes. Comme la barre de fer entre mes mains.

Je me suis rendu compte que j'allais commettre une folie. Une enfant, quarante-huit kilos dans ses bottes, face à une horde de vers géants, dix-huit tonnes sans compter la bave.

Combien pouvais-je espérer en tuer avant qu'ils ne me rongent les os ?

Cinquante ?

Vingt-huit ?

Trois ?

Et si papa était encore en vie ? Il débarquerait ici avec la police et me trouverait morte, vulgaire bout de peau abandonné sur le toit du bus ?

Mon corps s'est mis à trembler et je me suis demandé si je pouvais atteindre le portail avant que les vers ne m'attaquent.

Ils étaient vautrés autour du bus, sous la lune. Je les ai observés. Ils ne bougeaient plus. Pas même leurs yeux. On aurait dit qu'ils dormaient. Pourquoi pas après tout ? Les asticots dorment bien, eux.

Puis une autre idée m'est venue. Si Randy était dans le bus ? Recroquevillé entre deux banquettes, trop terrifié pour sortir ? A attendre que je vole à son secours ?

J'ai inspiré un grand coup.

Bon, d'accord, je ne voulais pas de lui dans ma vie. Mais je ne pouvais pas non plus le laisser mourir sans rien faire.

J'avais une petite chance. Je pouvais approcher du bus. En faisant attention à ne pas donner un coup de pied dans un bout de métal ou à ne pas marcher sur une langue.

Empoignant mon piquet, j'ai tâché de repérer un chemin praticable entre les vers assoupis.

Puis je l'ai vue. Par terre, près de l'essieu d'un 4x4 en ruine. Entourée de vers. Toute déformée, sale et moisie mais bien reconnaissable.

La chaussure de maman.

Mon estomac a fait un bond.

La dernière fois que je l'avais vue, c'était dans le bus. Sous le siège du chauffeur. Là où maman était morte.

Comment était-elle arrivée à cet endroit ?

Les vers avaient dû se glisser dans le bus et la prendre avec eux, dans l'espoir d'y trouver quelques ossements humains à ronger.

J'ai frissonné à la pensée de ces vers répugnants en train de se disputer la chaussure de maman. Pas question de la leur laisser. Si papa était mort, c'était le dernier souvenir de mes parents, et j'y tenais.

Le cœur battant, je me suis faufilée entre les vers.

Plus près.

Plus près.

Pourvu que ces asticots géants aient le sommeil profond !

Plus près.

Toujours plus près.

Je l'ai.

J'ai serré la chaussure contre ma poitrine et j'ai bandé les muscles de mon cou pour retenir un sanglot. Ce n'était pas facile. L'espace d'une seconde, j'ai eu l'impression que maman était là avec moi, mais je savais bien qu'elle ne serait plus jamais là et j'ai failli craquer.

Heureusement, je me suis rappelé que j'étais au milieu des vers géants.

Je me suis ressaisie. Pas pour longtemps. Une sensation horrible m'a envahie. C'était exactement ce qu'avait dû ressentir Randy quand les vers avaient déferlé dans la casse. Il s'était trouvé encerclé lui aussi. Mais en bien pire. Par des vers affamés qui le chargeaient.

J'ai compris que Randy n'avait pas pu s'en sortir vivant. Je me suis remise à trembler et j'ai tendu les muscles de mon cou aussi fort que possible. J'espérais que la mort de Randy avait été encore plus rapide que celle du chien.

Je me suis concentrée sur le meilleur moyen de sortir d'ici. Plus je restais là à me morfondre, plus les vers risquaient de se réveiller.

J'ai fait demi-tour. J'étais à mi-chemin quand ils se sont réveillés. En tout cas, c'est ce que j'ai cru. Mon œil a repéré un mouvement. Mon cœur s'est arrêté de battre. La tête me tournait. Puis je me suis rendu compte que ce n'étaient pas les corps eux-mêmes qui bougeaient, mais uniquement la peau.

Pendant leur sommeil, la peau des vers se mettait à suinter et à se couvrir de cloques comme un morceau de gruyère qui aurait eu un coup de chaleur.

J'ai accéléré le pas, en essayant de ne pas regarder. Qu'est-ce qui se passait ? C'était peut-être tout bêtement parce qu'ils avaient atteint l'âge adulte. Eileen se plaignait toujours d'avoir des problèmes de peau.

J'ai enjambé le dernier ver, en faisant des vœux pour qu'il ne se réveille pas d'une humeur massacrante, comme Eileen quand elle ouvre un œil le matin.

Puis j'ai couru vers le portail.

J'avais un plan : retourner en ville le plus vite possible, trouver un téléphone, donner l'alerte et ameuter les forces armées de plusieurs pays.

Dans la clairière de la Vache-Morte, une angoisse m'a saisie. Les vers sur le pont au-dessus de la rivière... S'ils ne dormaient pas tous ? Si des sentinelles surveillaient la route qui menait à la ville ?

J'ai finalement décidé de couper à travers

champs et de gagner la maison en passant par les enclos derrière la laiterie d'Agnelli.

Ce n'était pas commode d'avancer au milieu des buissons en pleine nuit. En moins d'une heure, je me suis retrouvée tout égratignée et épuisée. Je n'étais même pas sûre d'aller dans la bonne direction. Papa m'avait appris à me guider avec les étoiles, mais le ciel était plein de nuages.

J'avais gardé ma barre de fer, au cas où. Vers trois heures du matin, je me suis félicitée de cette précaution. Je venais de m'extirper douloureusement d'un buisson d'épines quand j'ai perçu un mouvement devant moi, dans la pénombre.

Je n'ai plus fait un geste.

Plusieurs silhouettes de la taille des vers géants m'observaient.

Puis la lune est sortie de derrière un nuage et j'ai vu que ça n'était qu'un troupeau de moutons. Ils avaient une expression bizarre, comme le mouton que j'avais croisé dans la casse. Ma nuque m'a chatouillée. Je me suis dit que ça devait être une race importée, avec une drôle de mâchoire qui leur donnait l'air de sourire.

– Je ne vois pas ce qu'il y a de si drôle, ai-je dit à voix haute. Vous ne trouverez rien à manger par ici sous les arbres.

Les moutons se sont éloignés. Mais bientôt ils se sont arrêtés et m'ont regardée. Ils ont repris leur marche, puis ils se sont retournés de nouveau.

J'avais l'impression absurde qu'ils m'invitaient à les suivre. C'était à mon tour de sourire. Stupides moutons. Mais je n'ai pas souri longtemps. Brusquement, ils sont tous revenus à ma hauteur et m'ont encerclée. Plusieurs ont commencé à me donner de petits coups de museau derrière les genoux. J'ai essayé de me dégager, mais ils m'ont serrée de plus près. Ils m'ont dirigée vers un enclos ouvert.

Le premier choc passé, j'ai essayé de garder mon calme. « Détends-toi, répétait mon cerveau lessivé à mon corps tout aussi lessivé. Tu es secourue par un troupeau de moutons. Ils te sont reconnaissants parce que ton père a l'obligeance de les tondre avec douceur. »

Au bout d'un moment, j'ai distingué la forme sombre d'un bâtiment et j'ai reconnu l'endroit où ils me menaient.

La ferme des Piggot. Ernie Piggot avait installé son élevage de moutons à un mauvais endroit, trop en altitude, et il avait fait faillite. Il avait entamé une guerre de tranchées avec la banque. Eileen avait fait des tas d'allers et retours pour lui remettre des documents officiels avant qu'il soit finalement expulsé.

Papa m'avait raconté qu'à son départ, Ernie avait laissé le téléphone branché avec un message d'insultes pour la banque sur son répondeur. Quand j'ai reconnu sa maison, mon cœur a eu un soubresaut de joie.

– Merci, les amis, ai-je dit aux moutons.

La porte était ouverte. En tâtonnant dans le noir, j'ai fini par trouver la prise du téléphone.

Pas d'appareil.

J'étais trop fatiguée pour pleurer. Je me suis couchée sur le parquet nu, la barre de fer à portée de main. J'ai serré la chaussure de maman. Comme la vie me semblait normale il y a encore une douzaine d'heures ! Et comme elle était étrange et inquiétante à présent !

Tandis que je sombrais dans le sommeil, j'ai entendu un drôle de bruit à l'extérieur. Mais non, c'était impossible. Les moutons ne rient pas.

QUATRE

Papa, papa, papa. Pourquoi ai-je vu ton visage avant que la poupée explose ? Et pourquoi était-il si difforme et hideux ?

– Tu n'as pas cette tête-là. Non, jamais de la vie.

Je n'ai pas eu le temps d'y réfléchir plus longtemps. Une autre horreur commençait. L'arrivée des mouches.

Elles sont entrées dans le bus en volant en marche arrière. Bientôt elles formaient une couverture noire et pullulante à côté de la chèvre en putréfaction.

Pourquoi ce bus remontait-il ? Tout ceci se produisait-il vraiment ? Ou bien étais-je en train de perdre la tête ?

Je ne pouvais pas ôter mon regard de la chèvre. Les mouches avaient laissé place à une masse mouvante de couleur blanchâtre.

Ma tête me faisait atrocement souffrir. J'avais du mal à garder les yeux en face des trous. Qu'est-ce qui se passait ?

Non, non, non, non, non. Les chrysalides se re-transformaient lentement en asticots. Des asticots affamés. Qui se tortillaient vers la chair pourrie de la chèvre.

Au début ils n'étaient qu'une poignée. Puis quelques dizaines. Puis des centaines. Des milliers. Des millions. Ils rampaient en une couche de plusieurs centimètres d'épaisseur. Ils grouillaient à pleines brouettes.

A mesure qu'ils recouvraient la carcasse de la chèvre, celle-ci se garnissait de chair. Au lieu de manger, les asticots dégorgeaient leur repas !

La puanteur immonde emplissait l'air et me soulevait le cœur. Il fallait que je sorte. J'ai vomi contre la paroi du bus. Suffoquant, j'ai trébuché vers la porte.

Soudain je me suis arrêté.

Je ne pouvais pas me jeter dans la gueule des vers. Jamais. Mais je ne pouvais pas non plus rester. Réfléchis, Randy, réfléchis. J'ai recouvert ma tête avec mon coupe-vent.

Dans mon petit abri sombre, je me suis accordé quelques secondes pour tenter de me clarifier les idées. A ma connaissance, les vers géants qui montaient la garde devant le bus avaient tué Kate. Et ma mère.

Pauvre Kate. Elle ne me paraissait plus aussi insupportable maintenant qu'elle avait disparu. J'aurais donné n'importe quoi pour revoir sa sale frimousse. Ça m'aurait fait de la compagnie. D'accord, c'était une fichue peste. Mais au moins c'était un être humain. Solide. Elle me rappelait un peu la maison.

La maison... Comme tout ça semblait loin ! Et normal. Les hamburgers. Mon bol de céréales. Mon lit. La bouteille de lait dans le frigo. Les disputes à propos des photos ou des boîtes en fer-blanc.

Tout ça paraissait à la fois merveilleux et inaccessible.

Mais le seul fait d'y penser m'a redonné un peu de courage. J'ai sorti la tête de sous mon coupe-vent. A travers mes larmes, j'ai regardé la carcasse. Elle empestait toujours autant mais il y avait moins d'asticots. Est-ce que je ne rêvais pas ? Chaque asticot était remplacé par un petit œuf blanc.

Les asticots rentraient dans leur œuf !

Bzzzz. Et maintenant ? Les mouches se multipliaient. Oh non ! Un milliard de mouches ont assombri l'air en produisant un bourdonnement assourdissant. Elles volaient en arrière. Les parentes de celles de tout à l'heure. Les pondeuses. Elles allaient reprendre ce qu'elles avaient laissé. Chaque mouche s'arrêtait un bref instant sur la chair rose, le temps de récupérer ses œufs, un par un. Les mouches « dé-pondaient » leurs œufs.

La puanteur était épouvantable. Je toussais et je titubais. Je me suis couvert la bouche pour ne pas respirer ces miasmes pestilentiels. Ma tête était comme en apesanteur. J'avais des élancements dans la main. Mais j'avais encore conscience de ce qui se passait.

Le bus et son contenu redevenaient comme avant. Ils rajeunissaient. Ils se renouvelaient.

Les cadrans. Les fauteuils. La chèvre morte.

Ils redevenaient ce qu'ils avaient été. Avant l'accident.

La chèvre était maintenant entièrement recouverte de chair et de poil blanc. Les mouches bourdonnaient encore à reculons mais elles étaient de moins en moins nombreuses. Les orbites vides de l'animal semblaient me contempler. Puis, lentement mais inexorablement, elles ont commencé à se remplir, comme si un sculpteur invisible était à l'œuvre. Des pupilles noires sont apparues, puis les prunelles jaune-brun.

L'odeur s'est atténuée avant de disparaître complètement. Même chose pour les mouches. Il ne restait plus que moi et la chèvre. Et ma main blessée, de plus en plus douloureuse.

La chèvre morte semblait me narguer depuis son siège. Je détestais cette chèvre. Je la détestais de tout mon cœur.

Tandis que la haine grandissait en moi, j'ai remarqué qu'une ecchymose s'étendait sur mon bras. Comme nourrie par ma colère.

Alors j'ai fait une chose idiote. Mais c'était tout ce que j'ai trouvé. J'ai levé mon poing en l'air et j'ai crié :

– Dégage !

Qu'est-ce qui m'a pris ? Pourquoi ai-je dit ça ? La chèvre a poussé un bêlement, elle a sauté sur ses pieds et elle s'est mise à courir à reculons dans le bus ! Glissant sur le marchepied, elle a passé la porte la croupe la première, à l'inverse du chemin qu'elle avait dû emprunter en entrant.

Je n'en croyais pas mes yeux. La chèvre était vivante !

Quant à moi, j'étais presque mort. De peur. Je suis retombé sur un siège et j'ai regardé autour de moi. Cette fois j'étais tout seul. Je n'allais pas m'en plaindre. L'animal en putréfaction s'en était allé.

L'intérieur du bus était redevenu comme entièrement neuf. La peinture était impeccable. Le vinyle des fauteuils luisait. Le sol était propre, le volant et le tableau de bord en parfait état, la clé de contact à sa place.

L'arbre poussé à travers le capot avait disparu.

Le bus était prêt à partir. Et dehors, le soleil était au zénith.

Une mouche solitaire décrivait des cercles au-dessus de ma tête. Elle volait dans le bon sens. Le voyage à l'envers était terminé.

J'ai entendu des pas résonner sur le marchepied. Quelqu'un arrivait. Quelqu'un était là. Mon cœur a bondi dans ma poitrine. Un coup pour la peur. Un coup pour l'espoir. Un coup, la peur. Un coup, l'espoir. Mon ecchymose montait et descendait le long de mon bras comme une vague pourpre sur une plage.

La porte du chauffeur s'est ouverte et quelqu'un est entré. Était-ce Kate ? Ou bien mon père, venu à mon secours ? Je ne voyais pas bien encore avec ce soleil éblouissant. C'était une silhouette humaine. Pas un ver géant ! Quelqu'un avec qui partager ma terreur. Peut-être même quelqu'un capable de chasser cette peur.

J'ai regardé d'un peu plus près. L'intrus portait un uniforme. Et des chaussures que j'avais déjà vues.

Avec le contre-jour, le nouvel arrivant n'était qu'une ombre chinoise sur le pare-brise. Qui était-ce ? Je l'ai regardé s'asseoir à la place du chauffeur. J'ai observé ces chaussures familières tandis que le pied gauche enfonçait la pédale d'embrayage. Une main gantée a tourné la clé de contact et le moteur a toussoté. Le bus s'est mis à vibrer doucement comme lorsqu'il est à l'arrêt, en train d'attendre les passagers.

Puis le chauffeur s'est tourné. Il m'a souri.

Je n'ai pas répondu à son sourire. J'ai poussé un hurlement.

Ce chauffeur, c'était Louise. La mère de Kate. Qui était morte.

CINQ

Je rêvais que je dormais à même le sol et que quelqu'un me réveillait.

Je me suis effectivement réveillée et j'ai vu que quelqu'un me secouait l'épaule.

– Kate ! Qu'est-ce que tu fais ici ? Tu as une mine affreuse.

J'ai cligné des paupières sous la lumière du jour. Une femme était penchée au-dessus de moi. Une femme que je connaissais.

– Maman !

Je me suis redressée, chancelante. Ma nuque et mon dos étaient tellement raides que je pouvais à peine lever les bras pour les jeter autour de son cou, mais j' en ai quand même trouvé la force.

Puis je me suis arrêtée.

Ce n'était pas maman, c'était Eileen.

La déception m'a fait l'effet d'un coup de poing dans le ventre. Le genre de déception qu'on ressent quand on croit sa mère revenue d'entre les morts, pour s'apercevoir ensuite qu'il s'agit seulement de sa remplaçante.

– Qu'est-ce qu'il y a? a demandé Eileen, inquiète. Randy est avec toi ?

Je l'ai regardée. Elle avait des brindilles dans les cheveux, du ragoût de mouton sur le visage et le bras en écharpe soutenu par une chemise de papa.

– Papa, ai-je hoqueté. Où est-il ? Il va bien ?

– Il va très bien.

Eileen s'est assise par terre.

– On a eu un accident de voiture hier et j'étais un peu sonnée, alors il est retourné en ville chercher de l'aide.

Elle a froncé les sourcils.

– Pour une raison que j'ignore, il n'est pas revenu.

Mon cœur s'est arrêté de battre, d'abord à cause des incertitudes qui pesaient sur le sort de papa, ensuite à cause de ce qui déboulait dans le dos d'Eileen.

Un mouton.

Avec une fourchette rouillée dans la gueule.

Dirigée droit sur Eileen.

Je l'ai poussée sur le côté et j'ai plongé de l'autre. Le mouton a essayé de corriger sa trajectoire mais ses sabots n'ont pas accroché le parquet. Il a glissé jusqu'à l'autre bout de la pièce. Il a lâché la fourchette et nous a ricané au nez avant de prendre la fuite par la porte d'en face.

– Kate, qu'est-ce qui te prend ? a crié Eileen.

Elle s'est rassise en massant son bras blessé.

– Désolée, ai-je dit, un peu hébétée, doutant encore de ce qui venait de se passer. Mais un mouton a essayé de te planter une fourchette dans le dos.

Je me suis rendu compte que ce que je racontai était absurde.

– J'imagine que c'était juste une plaisanterie, ai-je ajouté, embarrassée.

Eileen n'avait pas l'air de vouloir rigoler. Elle a inspiré un grand coup. Elle avait sa tête des mauvais jours, quand elle se lève et qu'il n'y a plus de café.

– Écoute, a-t-elle grommelé en se relevant. J'ai une luxation à l'épaule, plusieurs côtes endolories, je viens de passer la nuit dans un fossé, j'ai marché deux heures pour venir téléphoner ici et le téléphone a disparu, alors je ne suis pas d'humeur à jouer à des jeux stupides.

Elle m'a attrapé le bras.

– Pourquoi n'es-tu pas à la maison et où est Randy ?

J'ai avalé ma salive. Ma gorge était sèche. Comment lui dire ? Comment pouvais-je lui annoncer que les entrailles de son fils avaient été aspirées par des vers géants et que sa peau était probablement en train de flotter au vent, quelque part dans la brise matinale ?

J'ai détourné le visage, essayant de trouver mes mots et de retenir mes larmes. C'est alors que j'ai vu quelque chose par la fenêtre. Un mouton courait dans le pré avec un fil électrique dans la bouche, en tirant derrière lui un téléphone et un répondeur.

– Eileen, regarde ! Le téléphone !

Nous sommes sorties en trombe. Le mouton a accéléré mais on a réussi à le rattraper. Pendant qu'on lui prenait le téléphone, il a essayé de nous mordre. On l'a repoussé. Puis on a regagné la maison au pas de course pour brancher l'appareil.

Il ne marchait pas. Le combiné était couvert de marques de dents et le fil était à moitié mâchonné. Eileen a poussé un juron. J'ai contemplé le fil et j'ai senti la peur m'envahir. Eileen s'est tournée vers moi.

– Hé bien ?

Je ne pouvais plus retarder le moment de lui annoncer la nouvelle. J'ai essayé de la ménager en commençant par le commencement. Les vers à l'église. Puis dans le ragoût. Et sur sa moto.

– Génial ! a-t-elle explosé. Et comment je vais faire pour travailler, moi, avec une moto au fond d'un lac ?

Incapable de la regarder dans les yeux, je

me suis tournée vers la fenêtre. Sur la pelouse, en plein soleil, plusieurs moutons s'affairaient à tirer un vieux râteau.

– Hé, regarde !

– Ne change pas de conversation, Kate.

La mort dans l'âme, j'ai continué mon récit. Je lui ai raconté notre découverte de la voiture accidentée, notre périple en barque, les vers aéroportés et enfin, dans un murmure entrecoupé de sanglots, tout ce qui s'était passé à la casse.

– Kate, tu me déçois énormément. Prendre ma moto et la jeter à l'eau, c'est une chose. Mais inventer ces mensonges d'un goût douteux pour t'en sortir, c'est... c'est... J'attendais mieux de ta part.

– Mais c'est la vérité !

Elle m'a fixée à travers ses paupières à moitié fermées pendant un court moment qui m'a semblé interminable.

– Très bien. Il n'y a qu'un seul moyen de tirer cette affaire au clair, jeune fille. On va aller jusqu'à la casse de Lumley pour jeter un œil sur tes vers géants.

– Ça ne serait pas une bonne idée.

– Oh, mais si, au contraire ! Allez, viens.

Elle est sortie de la maison à grandes enjambées.

J'ai attrapé la chaussure de maman et je l'ai serrée pour me réconforter. Puis j'ai suivi Eileen.

Par-dessus son épaule, elle m'a crié : « Dépêche-toi »... sans voir qu'elle allait mettre le pied sur un râteau qui traînait dans l'herbe. Le manche s'est redressé d'un coup, il a manqué sa tête d'un cheveu pour aller s'écraser sur le mur d'un vieil appentis.

Mes entrailles se sont nouées. C'était le râteau que les moutons traînaient tout à l'heure.

Avant que j'aie le temps de dire un mot, Eileen m'a saisie par le bras et m'a tirée en direction de la casse.

– Allez, du nerf ! On a un bout de chemin à faire.

– Eileen ! Tu ne peux pas t'imaginer à quel point les vers géants sont dangereux.

– Ne t'en fais pas pour moi. Je ne crains rien ni personne.

« Très bien, me suis-je dit avec une pointe d'amertume. Comme tu voudras. C'est toi l'adulte. »

De toute évidence, elle ne croyait pas un mot de mon histoire. Du coup, je ne me suis même pas donné la peine de lui dire ce que je venais de voir derrière le vieil appentis.

Quatre moutons sur un tracteur, le sourire jusqu'aux oreilles.

SIX

La mère de Kate était morte. Et pourtant elle était là, au volant du bus. Et elle me souriait. Avait-elle ressuscité comme la chèvre ? Était-ce un fantôme ?

Quoi qu'il en soit, je n'avais pas envie de rester ici plus longtemps. J'ai couru entre les sièges du bus, comme la chèvre. Mes pieds n'ont même pas touché les marches.

Je me suis étalé par terre de tout mon long et j'ai fait plusieurs roulés-boulés. J'ai terminé ma cascade contre une pile de vieux pneus.

Le soleil perçait tout juste à l'horizon. Les premiers rayons striaient le ciel. Je ne pensais qu'à une chose : les vers géants.

Ils allaient me dévorer en guise de petit déjeuner. Je me suis rappelé le chien du gardien. J'aurais voulu prendre mes jambes à mon cou mais je n'arrivais pas à me lever. J'étais épuisé, claqué, vanné. C'était la fin des haricots. Terminus tout le monde descend.

Maintenant que l'heure était venue, je me sentais serein. Ma main et mon bras ne me faisaient plus mal. La panique m'a quitté et mes pensées se sont mises à errer. Mangé par les vers, j'allais devenir célèbre. Les adultes pourraient récupérer ma peau et m'empailler. Comme ce célèbre cheval de course, Phar Lap.

Je serais le garçon qui a été dévoré par les vers géants.

J'étais allongé par terre à côté de la vieille LandRover et j'attendais que leurs langues visqueuses viennent palper la marchandise.

J'ai attendu.

Longtemps.

Il ne s'est rien passé.

Rien du tout. J'ai relevé lentement la tête et j'ai regardé tout autour. Les épaves de voitures jonchaient le sol, le bus rouillait et l'arbuste qui poussait à travers le capot se dressait droit et silencieux dans la brume matinale.

Les vers étaient partis. Sans laisser de trace.

Oui. Disparus. Mon cœur a bondi de joie et j'ai senti mon énergie revenir. J'étais sain et sauf. Le cauchemar était fini.

Mais où étaient-ils passés ? L'image de Kate s'enfuyant dans la nuit m'est revenue à l'esprit. Les vers s'étaient-ils lancés à ses trousses ? La pourchassaient-ils comme un troupeau de loups affamés ?

Je me suis senti triste tout à coup. Je n'avais pas le droit de me réjouir alors qu'elle était en danger. D'accord, c'était une enquiquineuse de première. Mais elle n'avait pas mérité de mourir comme ça. Vidée, transformée en paillasson. Même une demi-sœur ne méritait pas une fin pareille.

La douleur dans mon bras avait complètement disparu. Un peu comme si mes bonnes pensées à l'égard de Kate l'avait fait diminuer. Mais l'ecchymose violette était toujours là.

J'ai regardé le bus rouillé. Le bus rouillé ? Il y a quelques minutes à peine, il était repeint à neuf. Son moteur ronronnait. Voilà qu'il était posé sur ses pneus crevés. Tout cabossé et en ruine. Visiblement, le moteur n'avait pas tourné depuis des années.

Hé, une petite minute ! Quand j'étais dans le bus, le soleil était très haut dans le ciel. Et maintenant il se levait tout juste derrière les collines.

Que se passait-il ? Le soleil ne pouvait pas tourner à l'envers. Un bus ne pouvait pas redevenir flambant neuf. J'ai senti de nouveaux élancements dans mes doigts, ma blessure s'est mise à suppurer.

Je voulais rentrer à la maison au plus vite. J'avais les nerfs tendus jusqu'à la rupture. J'ai regardé une dernière fois le bus. Qu'y avait-il sur le marchepied ? Non, ça ne pouvait pas être... Et pourtant si. La poupée à tête de pomme !

J'ai essayé d'avaler ma salive mais la peur

asséchait ma langue. Tout à l'heure, la poupée avait pris les traits de mon père. En les déformant de manière hideuse. Puis elle avait explosé. Et pourtant elle était là, intacte.

Lentement, un peu hagard, je me suis approché. J'ai ramassé la poupée. Les genoux tremblants, j'ai monté les marches pour jeter un œil à l'intérieur. Le squelette était là, ses os blanchis luisaient dans l'aube rougeoyante. Les sièges disparaissaient sous la poussière et des toiles d'araignée barraient les fenêtres cassées.

Il n'y avait pas de larves. Pas de mouches. Aucun signe de Louise, la mère de Kate. Juste une vieille épave.

J'avais donc fait un rêve ? Jamais de la vie.

Un cauchemar, peut-être.

Qu'y avait-il de réel dans ce que j'avais vu ?

Une idée me vint à l'esprit. Si ce n'était ni un rêve ni un cauchemar, de quoi s'agissait-il ? J'étais peut-être malade. Mon système nerveux craquait. Toutes les tensions que j'avais subies – le départ de papa et l'irruption de Kate dans ma vie – avaient fini par affaiblir mon cerveau. Et ça me donnait des visions.

Ma demi-sœur était-elle en train de me rendre fou ?

Je suis resté assis à broyer du noir sur le marchepied du bus.

« Réfléchis, Randy, réfléchis. Certaines choses se sont peut-être passées seulement dans ta tête. » Avec ma main valide, je me suis donné une tape sur la tempe comme pour remettre mon cerveau en marche.

« Repasse toute la scène en revue. Fais le tri entre le vrai et le faux. »

Louise en train de démarrer le bus. Les morts ne conduisent pas. A moins qu'elle ne soit pas morte.

La poupée à tête de pomme. Avait-elle explosé ? Non. Sinon elle ne serait pas intacte dans ma main.

La chaussure. Existait-elle seulement ? J'ai regardé du côté de la LandRover. Aucune trace de la chaussure. Sur le sol, il y avait des bouses de vache séchées mais pas de chaussure. Non, elle n'avait jamais existé.

Les vers géants. Pas un seul en vue. Ils ne devaient exister que dans mon esprit malade.

Kate. Cette grande perche existait-elle vraiment ? Oui, parce qu'elle était à mon école depuis la maternelle. Mais sa mère n'était peut-être pas morte. Formidable ! Ça voudrait dire que le père de Kate n'était pas marié avec ma mère. On était peut-être encore ensemble. Papa, maman et moi. Dans notre vieille maison. Notre vraie maison. Oui, oui, oui... « Quelqu'un, pincez-moi ! Ou ramenez-moi à la maison. »

Mes yeux sont tombés sur la poupée et ma joie s'est évanouie. Papa m'avait envoyé ce bonhomme à tête de pomme après la rupture avec ma mère. Louise était bien morte. Le remariage avait bien eu lieu. Kate était ma demi-sœur.

J'ai erré lentement à travers la casse en essayant de démêler le vrai du faux.

Le gardien. Il allait m'aider. Je me suis dirigé vers sa cabane et j'ai regardé à l'intérieur. La lampe était toujours allumée mais la pièce était vide. Une laisse de chien et une écuelle gisaient par terre. Aucune trace du chien. Un sentiment de peur et de solitude m'a envahi. Et ma main a recommencé à me faire mal.

Ma main. Je l'avais coupée en escaladant la barrière. Et... un frisson m'a parcouru l'échine. Les vers géants m'avaient léché les doigts et le sang. Je ne l'avais pas rêvé ? Je n'étais plus sûr de rien. J'ai boitillé jusqu'à la barrière. Oui, il y avait des traces de sang sur le métal rouillé.

J'avais bien escaladé la clôture. Mais ce qui s'était passé dans le bus ? La moitié des événements étaient arrivés. Pas l'autre. J'étais seulement à moitié fou.

Le mariage était réel. La poupée aussi. Kate était réelle. Le sang sur la barrière aussi. Mais les vers l'avaient-ils léché ou bien n'étaient-ils qu'une invention de mon esprit torturé ?

J'ai décidé de quitter la casse. Il était temps de rentrer à la maison. Temps d'aller chercher du secours. J'avais besoin d'un psychiatre pour me remettre sur les rails.

Mais quelque chose a retenu mon attention. Une tache sombre sur le sol... Brusquement, je me suis mis à courir sur la route en hurlant.

C'était la carcasse aplatie du chien.

SEPT

Pendant tout le trajet jusqu'à la casse, je n'avais qu'une chose en tête.

Les moutons.

Je connaissais plutôt bien les moutons, et je ne les avais encore jamais vus attaquer quelqu'un. En tout cas, pas avec un râteau. Et encore moins avec une fourchette.

Tout en marchant derrière Eileen, je me demandais ce qui se passait.

Les moutons étaient-ils énervés parce qu'Ernie Piggot avait abandonné sa ferme et eux avec ?

Ou bien nous poursuivaient-ils comme les vers géants ? Un frisson m'a parcourue. J'ai pensé aux moutons sur le tracteur. Un mouton savait-il démarrer un tracteur ? Il fallait que j'arrête de penser à ces bêtises.

Eileen s'était retournée et me criait quelque chose.

– Dépêche-toi un peu ! Je veux régler cette histoire ridicule. Plus vite on aura tordu le cou à tes élucubrations, plus vite je saurai ce qui se passe.

Elle m'a attrapée par le bras et j'ai dû trottiner pour suivre son pas. Soudain, on s'est retrouvées toutes les deux par terre.

Quelqu'un avait tendu un fil de fer en travers de la route. Au moment où j'avais trébuché dessus, j'avais aperçu quelque chose qui brillait dans la poussière. Lorsque j'ai retrouvé mes esprits, j'ai vu ce qui avait retenu mon attention.

Des éclats de verre. Des éclats de verre tranchants. Heureusement que je n'avais pas atterri dessus. Eileen non plus. Avec son bras en écharpe, elle avait roulé sur le côté. Elle était affalée sur l'herbe du bas-côté, en train de pester. Puis j'ai reconnu l'étiquette déchirée sur un morceau de verre. Du parasiticide pour moutons. Quelqu'un nous avait tendu un piège pour qu'on se coupe sur des éclats de bouteilles de parasiticide pour moutons.

Paniquée, je me suis redressée et j'ai regardé tout autour. Des moutons nous regardaient des deux côtés du chemin. J'ai juste eu le temps d'en voir un ouvrir la bouche et lâcher l'extrémité du fil de fer.

– Eileen, ai-je murmuré, ces moutons veulent notre peau.

Ils ont esquissé un sourire menaçant.

– N'importe quoi ! a crié Eileen en se relevant.

Elle m'a soulevée.

– C'est une blague de sales gosses et si je les attrape, ils vont le regretter au moins autant que toi. Allez, viens.

Elle m'a traînée sur le chemin. J'ai regardé nerveusement par-dessus mon épaule. Les moutons avaient disparu. J'étais presque déçue. S'ils flanquaient un bon coup de pied sur la tête d'Eileen, au moins elle saurait que je ne mentais pas.

« Tu verras, je me suis dit, à bout d'arguments. Quand on va arriver à la casse et qu'une centaine de vers géants vont te sucer les boyaux, alors tu verras que je disais la vérité. »

Je me suis soudain rappelé que j'avais laissé mon piquet dans la maison d'Ernie Piggot. J'ai voulu faire demi-tour, mais Eileen me tenait d'une poigne de fer.

Au moins j'avais gardé la chaussure de maman sous ma chemise. Je l'ai serrée à travers le tissu. Ça m'a réconfortée, même s'il existait sûrement des armes plus efficaces.

La casse n'était plus très loin. J'ai tendu l'oreille, pour essayer de repérer les vers. Le sang battait si fort dans ma tête que je n'entendais rien. Rien d'autre que des cris d'oiseaux et Eileen qui grognait contre les enfants et leur esprit tordu.

Au portail, je me suis arrêtée.

– Je t'en prie, allons chercher la police. Ils prendront des photos et tu verras les vers en photo.

Eileen m'a fusillée du regard.

– Kate, si on doit un jour former une famille, il faut qu'on commence par se dire la vérité.

Elle m'a obligée à franchir le portail.

– Non ! On n'a pas une chance de s'en sortir. Ils n'ont rien mangé depuis des heures. On va se faire...

Je me suis tue. La casse était vide. Il n'y avait pas un ver géant à l'horizon.

J'ai libéré mon bras et j'ai couru autour des tas de ferraille, du bus, du 4x4 et de la grue, en cherchant partout.

Rien.

– C'est bon, ma petite, a crié Eileen. Viens par ici et dis-moi la vérité.

J'ai fait celle qui n'avait pas entendu. Je suis montée dans le bus, sans craindre de me retrouver face à une armée de vers géants. Au moins Eileen saurait.

Mais le bus était vide. Rien que les fauteuils déchirés, le compteur cassé et le squelette de chèvre.

– Kate !

Lentement, je me suis résignée : j'allais passer le reste de ma vie à être traitée de menteuse, et j'allais peut-être même être accusée d'avoir tué Randy.

Puis j'ai remarqué quelque chose. Par terre. De grosses galettes qui ressemblaient à des bouses de vache. Toutes sèches et craquelées. Mais pas friables comme les bouses de vaches. Plutôt dures comme du cuir. Quand j'ai donné un coup de pied dedans, je me suis fait mal aux orteils. Mais bien sûr ! Je me suis souvenue de la peau en éruption des vers géants. Ils étaient à l'agonie ! Mais qu'est-ce qui avait pu se passer pour qu'ils se décomposent aussi vite ? Eileen a interrompu mes pensées en m'agrippant par l'épaule.

– Allez, Kate, raconte-moi tout !

– Ils sont morts et ils se sont racornis. Regarde, on peut voir où ils étaient. Ici, et là et encore là et...

– Des bouses de vache. Ce ne sont que des bouses de vache séchées. Kate. N'essaie pas de me prendre pour une idiote. Et dis-moi plutôt ce qui se passe. Où est Randy ?

Retenant des larmes de frustration, j'ai été tentée d'inventer une histoire. « Il a fait une fugue parce qu'il en avait marre de... » ou quelque chose dans ce goût-là. Mais je savais que ma mère n'aurait pas approuvé. Elle voulait toujours qu'on dise la vérité. Même si c'était pour avouer au directeur de l'école que le bus avait cinq minutes de retard... parce qu'un bouton de son uniforme s'était coincé dans ma chaise de bébé.

– Il se passe des choses épouvantables, Eileen. Des asticots qui se transforment en monstres suceurs de sang et des moutons qui deviennent fous. Je ne sais pas pourquoi ni comment, mais c'est la stricte vérité.

J'ai cru qu'Eileen allait exploser.

Elle s'est contenue.

– Après tout, ce n'est pas ta faute, a-t-elle lâché. Déjà que ta mère avait du mal à dire la vérité...

A mon tour, j'ai cru que j'allais exploser.

Je n'en ai pas eu le temps. Un fort grincement a retenti au-dessus de nous. Et puis un sifflement. J'ai levé les yeux. La grosse boule d'acier suspendue à la grue de démolition se balançait vers nous.

Sauf que ça n'était pas une boule en acier. C'était une pelote de laine. Cinq ou six moutons accrochés au bout de la chaîne, un sourire mauvais aux lèvres.

Pétrifiée, j'ai regardé avec horreur cette grappe de moutons qui fonçait sur nous. Puis j'ai remarqué quelque chose d'encore pire. Les moutons scintillaient au soleil. Leur laine n'était plus douce ni moelleuse, mais coupante.

De la laine d'acier.

HUIT

Je hurlais en courant sur la route, le plus loin possible de cette carcasse de chien. L'aube naissante et la brume matinale n'y changeaient rien. Mon esprit baignait dans un tourbillon de doutes et de peurs. Étais-je devenu fou ? Un squelette de chèvre était-il vraiment revenu à la vie dans ce bus ? Avais-je vraiment vu la mère de Kate ?

Toute cette histoire était folle, complètement folle. En ce moment même, les vers me guettaient peut-être depuis les arbres sur le bord de la route. Ils allaient me sauter dessus et me dévorer. Ma jambe me faisait mal. Ma main était de nouveau en feu. Mon ecchymose s'était étendue. La douleur avait gagné le bras et une partie de la poitrine. Mon bras était-il infecté ? Les vers l'avaient léché. Avais-je attrapé une maladie inconnue ? La maladie des vers géants. J'étais peut-être en train de mourir.

J'ai couru jusqu'à n'en plus pouvoir. Puis je me suis effondré au milieu de la route, près d'un étang boueux.

Lorsque j'ai retrouvé mon souffle, je me suis assis. Autour de moi, tout semblait calme.

Je serrais toujours mon bonhomme à tête de pomme. Il était un peu sale alors je l'ai essuyé avec ma manche. Je l'adorais. Il avait peut-être servi de refuge aux vers. Il avait peut-être explosé dans le bus. Mais c'était un cadeau de papa ! Et même si ça n'était qu'un affreux pantin surmonté d'une pomme séchée, je n'avais pas l'intention de m'en séparer.

Au fond de moi, je crois que je savais. Et depuis le début ! Je savais que cette poupée contenait les réponses à toutes les questions que je redoutais de me poser.

D'un pied traînant, j'ai repris la direction de la maison. La maison ? Je ne m'y sentais pas vraiment chez moi. Elle appartenait au père de Kate. Et Kate s'y comportait en propriétaire. Quant à papy, c'était un chic type, mais ce n'était pas vraiment mon grand-père. Bon, d'accord, maman vivait là, elle aussi. Mais elle prenait toujours le parti de Kate. Comme le premier jour où on était allés chez eux.

Franchement, il n'y avait pas de quoi en faire un plat. Tout ce remue-ménage parce que j'avais fabriqué une fronde avec le soutien-gorge de Kate ! Je pouvais envoyer deux balles de tennis à la fois. Par-dessus le toit.

– Tu parles, des balles de golf, et encore. Une de chaque côté. C'est tout ce qu'il peut contenir, ton soutif.

Bon, d'accord, j'avais un peu menti. Et j'avais bousillé le soutien-gorge de Kate. Mais maman n'aurait pas dû me punir. Pas son propre fils. Sa chair et son sang.

Je lui en avais voulu. Beaucoup. Et tandis que je traînais la semelle sur la route, mon bras me faisait de plus en plus mal. Tellement mal que des larmes me picotaient les yeux.

Si seulement papa était là. Il saurait quoi faire, lui. Il saurait si je suis fou ou non. Il me défendrait.

J'ai souri à mon bonhomme à tête de pomme, puis j'ai contraint mes jambes ankylosées à poursuivre leur marche.

– Je vais leur montrer. Ils n'ont pas le droit de me traiter comme ça.

Mon bras et ma poitrine me faisaient souffrir le martyre. Mon genou handicapé aussi. Il fallait que je me repose un moment. Harassé, je me suis laissé tomber sur une souche, et j'ai fermé les yeux.

Quelque chose de froid et d'humide a touché ma main. Hein ? Quoi ? Une langue de ver ? J'avais trop peur pour bouger le petit doigt. Trop peur même pour ouvrir les yeux. Mais il le fallait.

Deux yeux me fixaient. Ce n'était pas un ver géant. Juste une grenouille.

Soulagé, j'ai éclaté de rire et je l'ai prise délicatement dans ma main.

– Salut, toi.

Dardant sa langue, la grenouille a chatouillé ma main coupée. J'ai senti le contact humide sur ma plaie. Soudain, ses yeux ont roulé en arrière et ils ont fait un tour complet. Comme les symboles d'une machine à sous quand on gagne le jackpot.

La grenouille avait la tremblote dans le creux de ma main. Pourquoi tremblait-elle ? Les grenouilles n'ont pas froid, que je sache ? C'était peut-être la peur. Comme moi.

Puis la grenouille s'est recroquevillée sur elle-même. Pendant une seconde, elle avait l'air d'un ressort prêt à se détendre. Puis elle a cligné des yeux et bang ! Elle a exécuté un bond prodigieux. Flac ! Elle a dû atterrir dans l'étang.

Quel saut ! Incroyable. Je n'en avais jamais vu de pareil.

Mes méninges se sont mises à fonctionner. La grenouille qui me léchait. Ça m'a rappelé quelque chose. Mais quoi donc ?

Soudain, ça a fait tilt. Les vers avaient léché ma main dégoulinante de sang. Et puis il y avait eu ce mouton. Sur le marchepied du bus. J'avais enfoncé mon doigt blessé dans les narines d'un mouton.

Peut-être qu'il y avait une maladie dans l'air. Peut-être se contaminait-on les uns les autres. Une sorte de peste noire. J'avais besoin d'aide. Il fallait que je rentre à la maison.

Je titubais sur la route. Encore et encore. Le trajet me semblait interminable. J'ai enfin atteint le pont. Je n'étais plus très loin maintenant. Je me suis arrêté et j'ai écouté l'eau murmurer en contrebas. Et puis j'ai perçu un autre bruit. Derrière moi, dans les buissons.

Flic, flac, flic, flac. Comme des cuillerées de gelée qui s'écrasaient sur la route, par dizaines. Non, par centaines. Flic, flac, flic, flac, flic, flac. Non, par milliers. Comme si une main invisible lançait des galets dans l'eau.

Là-bas ! Sur toute la largeur de la route ! De petits points verts avec des yeux qui clignaient. Soudain, ils se sont soulevés comme une nuée de sauterelles. Haut, très haut, toujours plus haut. Bien au-delà de la cime des arbres. Alors ils se sont arrêtés, ils ont marqué une pause à mi-vol et ils ont commencé à redescendre. Une pluie de grenouilles !

Plaf, elles ont atterri toutes ensemble. Le bruit m'a fait penser à un énorme seau d'eau éclaboussant la route. Un million de grenouilles qui touchaient le sol en même temps.

Elles ont battu des paupières dans ma direction. D'un air vindicatif. Mes jambes étaient si faibles que je tenais à peine debout. Mais j'ai quand même réussi à reculer sur le pont. Pas une seconde je n'ai quitté des yeux cette inquiétante marée.

Dans un accord parfait, les grenouilles se sont accroupies avant de sauter. Bien au-dessus de ma tête. Bien au-dessus de la rivière. Un million de sauts en parfaite coordination. Elles se sont abattues sur la route et elles ont sauté de nouveau. Et encore.

La pluie de grenouilles a disparu au loin.

En direction de notre maison.

J'ai titubé derrière elles aussi vite que possible. J'étais presque arrivé. Enfin la maison. Soudain, tout me paraissait absurde. Un cauchemar. Irréel. Il n'y avait pas de grenouilles. C'était une erreur, une fable. Ma fatigue s'est envolée d'un coup. Même mon bras ne me faisait plus aussi mal tandis que je franchissais les derniers mètres qui me séparaient du portail. A présent je pouvais demander de l'aide aux adultes. J'allais leur passer le témoin.

Des vers géants, un squelette de chèvre, la mère de Kate revenue d'entre les morts, une poupée qui explose et des grenouilles qui sautent les arbres. Tout ça défilait dans ma tête. C'était à cause de ma maladie. Mais bientôt ça n'aurait plus d'importance.

Une silhouette est apparue à la fenêtre de la cuisine. Maman ? Elle était peut-être de retour. Avec Jack. Oh, pourvu que ça soit eux ! J'ai laissé échapper un sanglot et j'ai poussé le portail.

Un grondement de tonnerre a retenti. Comme si l'ouverture du portail avait donné le signal. J'ai collé mes mains sur mes oreilles et j'ai couru vers la porte. Qu'est-ce que c'était que ce vacarme ?

C'était un bruit familier, mais porté à la puissance mille. Le bruit d'une matinée tranquille à la campagne, mais amplifié comme un groupe de rock en folie.

Des grenouilles. Un milliard de grenouilles coassant en même temps. Je ne les voyais pas mais elles étaient là, aucun doute. Cachées dans les arbres qui entouraient la maison.

NEUF

Eileen, attention !

Elle restait là, immobile, sous le choc.

Je comprenais sa réaction. Si vous aviez le choix entre une fille qui vous crie aux oreilles et six moutons qui foncent sur vous agrippés à la boule d'une grue de démolition, vous choisiriez probablement de regarder les moutons.

Surtout si ces moutons étaient couverts d'une laine en acier effilée comme des lames de rasoir.

J'ai attrapé Eileen par son écharpe pour la tirer vers moi. La grappe de moutons est passée devant nous en sifflant. Je me suis demandé quelle épaisseur de peau leur laine nous arracherait au moindre contact.

– Par ici, ai-je crié à Eileen en courant vers le bus.

J'ai regardé derrière. Eileen était toujours clouée sur place, à regarder les moutons. Ils ont atterri sur la cabane du gardien. L'un d'eux a lâché prise et s'est mis à glisser sur le toit dans un nuage de rouille et de limaille. Les autres se sont relancés à l'assaut d'Eileen.

A mon tour, je suis restée sans bouger. Je venais de réaliser une chose : Eileen croyait la rumeur ignoble qui disait que maman était une menteuse et que l'accident était de sa faute. L'espace d'une seconde, j'aurais presque voulu que les moutons lui règlent son compte. Puis je me suis rappelé que papa l'aimait, alors j'ai piqué un sprint et je l'ai tirée vers moi.

– Non mais je rêve, a-t-elle hoqueté tandis que les moutons passaient à deux doigts de sa tête.

– Ça t'en bouche un coin ? Tu aurais dû voir ce que les vers géants ont fait du chien !

Je me suis souvenue qu'ils en avaient sans doute fait autant avec son fils, alors je n'ai pas insisté.

– Viens, on sera plus en sécurité dans le bus.

Mais, juchés sur la cabine de la grue, les moutons se préparaient à une nouvelle attaque. J'ai regardé désespérément autour de nous. A quelques mètres de là, il y avait un tas de ferraille. J'ai attrapé Eileen et nous avons essayé de nous faufiler entre une pile de voitures concassées et un gros réfrigérateur industriel. Il n'y avait pas la place.

J'ai regardé les moutons d'un air paniqué. Les six paires d'yeux injectés de sang étaient rivés sur Eileen.

Je me suis rendu compte tout à coup que les moutons ne s'intéressaient pas à moi. C'était ma belle-mère qu'ils voulaient.

Je l'ai poussée et je l'ai plantée à côté du frigo, en plein sur la trajectoire des moutons.

– C'est après toi qu'ils en ont, ai-je expliqué, avant de me glisser moi aussi le long du frigo.

Eileen n'a pas bougé. Elle était encore sous le choc. Les moutons fonçaient droit sur elle.

Juste avant qu'ils lui fassent le plus terrible nettoyage de peau de toute une vie, j'ai ouvert en grand la porte du frigo. Les moutons se sont fracassés contre le battant.

Une fois remise de mon émotion, j'ai vérifié que les moutons ne bougeaient plus. Puis je me suis tournée vers Eileen.

– Tu vas bien ?

Elle a hoché la tête, toute tremblante. Moi aussi, je tremblais. Si j'avais ouvert ce frigo une fraction de seconde trop tard, papa m'en aurait voulu à mort.

– Il faut qu'on retourne en ville, qu'on trouve papa et qu'on prévienne la police. Toi, ils te croiront.

Eileen a hoché la tête de nouveau. Elle n'avait pas l'air de croire vraiment à tout ce qui se passait.

Nous nous sommes mises en marche vers la ville. Je gardais un œil sur les moutons. Eileen n'a rien dit pendant une dizaine de minutes. Je la comprenais. Moi aussi, j'avais les nerfs en pelote. Et puis les adultes mettent plus longtemps que les enfants à s'adapter à la réalité.

C'était la même chose avec papa quand j'avais teint mes cheveux en vert.

Tandis qu'on avançait sur le chemin de terre, j'essayais de ne pas m'inquiéter pour papa. Ce qui n'était pas facile, ma tête étant farcie de questions angoissantes.

Le monde entier était-il attaqué par des vers géants et des moutons tueurs ? Ou bien étions-nous les seuls ?

Et dans ce cas, pourquoi ?

Soudain, Eileen s'est mise à parler :

– Ces asticots... Ces vers géants, ou quel que soit le nom que tu leur donnes. D'où venaient-ils ?

Je lui ai expliqué qu'ils avaient commencé une existence de vers normaux dans la poupée à tête de pomme que Randy avait reçue de son père.

Eileen s'est arrêtée. Son visage est devenu encore plus sombre que le jour où j'ai essuyé mes cheveux dans sa serviette blanche. Le jour de la teinture en vert...

Elle s'est mise à tourner en rond en marmonnant des trucs sans queue ni tête, comme font les adultes quand ils sont confrontés à un problème vraiment ardu.

– Il ne ferait pas ça. Non, c'est impossible. Je m'inquiète pour rien.

– Qu'est-ce qu'il y a ?

Eileen m'a regardée comme si elle avait complètement oublié ma présence.

– Le père de Randy. Je me demandais s'il avait pu monter un mauvais coup en apprenant que j'allais me remarier. Essayer d'enlever Randy par exemple. Mais...

Elle a fait une grimace puis elle a secoué la tête comme si elle venait d'avoir une idée qui dépassait l'entendement.

Je l'ai regardée fixement. Que voulait-elle dire ? Que le père de Randy était un ver géant ? Ou un mouton tueur ? C'était idiot. Mais après tout comment savoir ? J'ignorais tout du père de Randy, sauf qu'un beau jour il était parti, alors que Randy avait cinq ans. Randy ne voulait jamais parler de lui. Qui sait ? Ça pouvait même être un Martien. Ou un dresseur de moutons particulièrement doué. Soudain, le stress des dernières trente-six heures m'a achevée. J'ai pété un plomb. Ce n'était pas juste. Papa et moi, on était heureux jusqu'à ce qu'il rencontre Eileen, Randy et toute leur famille de psychopathes.

– Pourquoi moi ? J'en ai marre, marre !

Eileen n'a pas répondu. Elle tendait l'oreille. Alors je l'ai entendu, moi aussi. Ça ressemblait au bruit d'un tracteur qui fonçait sur nous à toute allure.

Je me suis retournée et je n'en ai pas cru mes yeux. Le tracteur d'Ernie Piggot venait de sortir du virage. A son bord, il y avait quatre moutons. L'un avait les pattes de devant sur le volant. Un deuxième était assis sur l'accélérateur. Un troisième avait le levier de vitesses dans la bouche.

Le quatrième était allongé sur le capot. Sous son ventre, il tenait mon piquet en fer, comme un chevalier tient sa lance dans un tournoi.

Le piquet était pointé sur nous.

Nous avons poussé un cri et nous avons pris nos jambes à notre cou. Devant nous, il y avait une petite baraque qui servait autrefois à un vendeur de fruits. « Melons juteux », disait encore la pancarte. Derrière nous, le tracteur se rapprochait.

Nous avons plongé dans la baraque et nous avons refermé la porte branlante avant d'atterrir dans la poussière et les brindilles. Puis je me suis aperçue que la chaussure de maman n'était plus sous ma chemise. Paniquée, j'ai regardé par une fente entre les planches. Ma chaussure était là, dehors, sur la route. Il y avait aussi les moutons qui nous fonçaient dessus comme des chevaliers en colère dans leur armure d'acier.

Je n'ai pas pu regarder plus longtemps. J'ai enfoui la tête sous le bras d'Eileen. Et, dans l'attente que les murs s'abattent sur nous, pour la première fois, j'ai serré ma belle-mère dans mes bras.

DIX

La maison. Enfin en sécurité !

J'ai foncé à travers la pelouse et j'ai presque enfoncé la porte. Elle n'était pas verrouillée mais j'ai aussitôt refermé les verrous derrière moi.

– Randy ? a appelé une voix familière.

Ce n'était pas celle de maman mais n'importe quelle voix humaine m'aurait réconforté à cet instant. Surtout une voix d'adulte.

– Papy !

Ce n'était pas vraiment mon grand-père, mais je commençais à le considérer comme tel. J'ai traversé la pièce comme un bolide pour me jeter dans ses bras. J'ai fait de mon mieux pour ne pas pleurer, mais j'étais tellement bouleversé que je n'ai pas pu ouvrir la bouche pendant plusieurs secondes.

– Je m'inquiétais pour toi, a dit papy. Toute la nuit dehors avec ce tonnerre qui gronde.

J'ai tâché de reprendre mon souffle et de contrôler les sanglots qui m'étranglaient. Puis je me suis précipité à la fenêtre.

– Ce n'est pas le tonnerre ! Ce sont les grenouilles.

Dehors, le raffut était si fort qu'il couvrait presque nos voix.

– Des grenouilles ? Mais les grenouilles ne faisaient pas ce bruit-là quand j'avais ton âge.

Il a paru tout triste.

– Mais les temps changent, pas vrai ? Je vais te faire une bonne tasse de thé. Tu as une mine épouvantable. Ensuite, tu me diras où est Kate. Et tu me raconteras ce qui se passe.

– Je ne veux pas de thé ! Ces grenouilles sont dangereuses. Je crois qu'elles en ont après moi. Il faut qu'on barricade les fenêtres. Il faut les empêcher d'entrer.

Papy est allé jusqu'à la cuisinière et a posé la bouilloire sur le feu. Le coassement s'est soudain arrêté. Tout est devenu silencieux dehors. Mais je ne me faisais pas d'illusions. Pas après ce que j'avais vécu. Il fallait s'attendre à tout. Les grenouilles mijotaient un sale coup, j'en étais sûr.

– Tiens, le tonnerre s'est arrêté, a remarqué papy. Maintenant calme-toi et raconte-moi tout. Je ne t'écouterai pas tant que tu n'auras pas un peu de liquide chaud dans le ventre.

Papy a ramassé deux chaussures près de la porte. Il y a versé du sucre et un nuage de lait. Puis il a versé le thé brûlant dans les chaussures et m'en a tendu une. Il s'est mis à boire comme si de rien n'était.

– Eh ! Qu'est-ce que tu fais, papy ? On ne boit pas le thé dans une chaussure.

Ce cauchemar n'avait donc pas de fin ? Je n'avais pas encore tout vu, en fait de bizarrerie ?

Il a regardé sa chaussure et ses yeux se sont emplis de larmes.

– Non, tu as raison, Randy. On met les pieds dans les chaussures. Et le thé dans… des tasses.

Il s'est levé pour prendre deux tasses propres dans le placard et il nous a resservi du thé.

– Qu'est-ce qui cloche chez toi, papy ? ai-je demandé gentiment. Hier tu as rangé la perceuse dans le congélateur.

Il est resté assis sur sa chaise et il a cligné plusieurs fois des yeux. Je voyais bien qu'il hésitait à m'en parler.

– Je suis malade, a-t-il enfin avoué.

– Moi aussi ! Moi aussi. On a la même maladie.

J'ai tendu mon bras violacé et je l'ai agité sous son nez.

– J'ai été léché par... des vers géants. J'ai des hallucinations. Je vois des poupées à tête de pomme qui explosent et... une chèvre qui revient à la vie. Et des millions de grenouilles qui...

– Non. On n'a pas la même maladie. La mienne, on l'attrape seulement en vieillissant.

– Est-ce que les vers t'ont léché, toi aussi ? Hein ? C'est ça ?

Il a secoué la tête.

– Non. De mon temps, les vers géants, ça n'existait pas. En tout cas, pas que je sache.

Il s'est gratté la tête. Il faisait de gros efforts pour se concentrer. Pour se rappeler quelque chose.

– En revanche, il y avait des vers à soie. Oui, même qu'ils fabriquaient ça...

Il m'a montré une tasse.

Je me suis senti très triste. Les vers à soie produisaient de la soie, pas des tasses.

– Papy, comment ça s'attrape, ta maladie ?

– On n'en sait rien. Il y en a qui disent que c'est en faisant la cuisine dans des poêles en aluminium. Mais on n'est pas sûr.

J'ai arrêté de m'apitoyer sur mon sort. D'accord, j'avais des hallucinations. Mais d'une certaine façon, c'était pire pour papy. On aurait dit qu'il s'usait. Comme une pile ou une semelle.

– Comment s'appelle ta maladie, papy ?

– J'ai oublié. J'oublie des tas de choses. J'ai

vraiment mis la perceuse dans le congélateur ? Ça devient grave...

Je me demandais quoi dire.

– Bah, ne t'en fais pas. De toute façon, c'était une vieille perceuse. Bonne à jeter.

Ses yeux se sont emplis de larmes et il est resté assis là, silencieux. J'avais dû dire une chose qui ne fallait pas.

Papy a posé une main sur mon épaule.

– Ta mère pense que je suis encore capable de te garder. Mais bientôt, c'est toi qui va me garder.

Tout à coup, les grenouilles ont recommencé leurs coassements assourdissants.

Je me suis écarté de la fenêtre. Flic, flac, floc. Les grenouilles se jetaient contre les vitres.

– Il tombe des cordes !

– Non, papy, des grenouilles.

Le bruit grandissait encore. Toutes les fenêtres étaient prises d'assaut. Les grenouilles se jetaient contre la maison comme des balles de mitraillette. Elles nous attaquaient en plein jour. Leurs corps flasques s'amoncelaient comme de la neige verte sur le rebord des fenêtres. Les vitres tremblaient sous les coups.

Heureusement, les fenêtres étaient solides. Elles ont tenu bon. Papy s'est assis et a secoué la tête en contemplant ce spectacle.

– Je sais que c'est une hallucination de mon esprit malade...

Les grenouilles étaient retombées sur la pelouse. Leur première attaque avait échoué et elles préparaient autre chose.

Les survivantes se sont mises en file indienne. C'était un spectacle terrifiant. Des grenouilles intelligentes ! On aurait dit des gens qui font la queue à un arrêt de bus. Sauf que la file était beaucoup plus longue. Elle serpentait sur la pelouse et par le portail. Elle s'étendait sur le chemin de terre et jusque dans la forêt. Je la voyais zigzaguer sur la colline au loin, de l'autre côté des arbres. Des milliers et des milliers de petites grenouilles vertes. Qui attendaient leur tour.

Mais qu'est-ce qu'elles fabriquaient ?

Quel était leur plan ?

Que voulaient-elles ?

En tête de la file, une grosse grenouille faisait face aux autres. Comme un général passant ses troupes en revue. Pourquoi faisaient-elles la queue ? Pour le déjeuner ?

Bingo.

La grenouille de tête – le général – a ouvert la bouche.

Et la grenouille qui se trouvait face à lui a sauté dedans. Le général l'a gobée. Puis il a rouvert la bouche et la victime suivante a bondi à son tour. Le général a mâché deux ou trois fois avant de l'avaler. Après un coassement, il a de nouveau écarté les mâchoires. La troisième grenouille a obéi aux ordres. Hop, enfournée !

Une par une, les grenouilles qui formaient la queue se sont jetées dans la gueule béante. Le général mastiquait et ruminait. Il rotait et se léchait les babines. Et la file avançait. Les petits soldats se pressaient, impatients d'être dévorés.

Le repas s'est poursuivi à toute allure. Les grenouilles filaient vers leur destin en kamikazes. A ce rythme, elles auraient toutes disparu en un rien de temps.

J'ai remarqué qu'après chaque ingestion, le général se transformait. Et mes cheveux se sont dressés sur ma tête.

Il était déjà de la taille d'un chien. A chaque bouchée, il enflait comme un ballon. Bientôt ces rainettes ne suffiraient pas à le rassasier.

Il a tourné vers nous des yeux affamés et un gros coassement a jailli de sa bouche.

– De la viande! ai-je dit. Il veut de la viande.

Papy a couru jusqu'au frigo.

– J'ai mangé la dernière saucisse hier, il a crié. Il n'y a plus un morceau de bidoche dans la maison.

J'ai regardé les jambes maigrichonnes de papy.

– Tu te trompes, papy, il y a encore de la viande fraîche ici...

A suivre...

LES AUTEURS...

PAUL JENNINGS ET MORRIS GLEITZMAN

Questions aux auteurs

OÙ ÊTES-VOUS NÉ ?

P.J. Je suis né le 30 avril 1943. Ma famille habitait à Heston, près de Londres. A l'âge de six ans, je suis parti vivre en Australie avec mes parents et ma petite sœur, Ruth. A cette époque, on s'y rendait en bateau. Il nous a fallu plusieurs jours de navigation avant d'arriver à Melbourne.

M.G. Je suis né en Angleterre, à Sleaford, le 9 janvier 1953. J'ai grandi dans la banlieue sud de Londres. J'avais seize ans quand nous sommes partis vivre en Australie.

ETES-VOUS UN AUTEUR À TEMPS COMPLET ?

P.J. Quand j'ai quitté l'école, je suis devenu enseignant. Après plusieurs années, j'ai repris des études pour devenir ortophoniste. J'ai également été maître de conférences en littérature. Ce n'est qu'en 1989 que j'ai décidé de devenir un écrivain à temps complet.

M.G. J'ai commencé par écrire des scénarios et des articles de journaux, avant de publier mon premier roman pour la jeunesse en 1985.

En plus des livres, je continue à écrire pour le cinéma et la télévision. Tout ceci m'occupe à plein temps !

COMMENT ÉCRIVEZ-VOUS VOS LIVRES ?

P.J. J'ai eu une enfance très heureuse. Mais je me souviens aussi de mes craintes et des sentiments que j'éprouvais alors. J'y trouve la matière de mes histoires et les enfants me posent souvent la question : « Comment pouvez-vous savoir ce qu'on est et ce qu'on ressent ? » Précisément parce que je me souviens de moi enfant.

M.G. D'habitude, je les écris seul, et c'est la première fois que je partage le plaisir de faire un livre avec quelqu'un d'autre. Paul est un ami, et j'étais très enthousiaste à l'idée d'écrire ce roman avec lui. Nous avons imaginé des situations familiales que nous connaissons bien, et le fait de créer deux personnages principaux qui racontent tour à tour l'histoire nous a permis de nous exprimer chacun de manière à la fois indépendante et complémentaire. Cette expérience nous a rapproché Paul et moi, et nous travaillons actuellement sur un autre projet en commun.

En 1999, Morris Gleitzman a été élu meilleur auteur de livres pour la jeunesse de l'année par les enfants australiens.

DÉJÀ PARUS DANS FOLIO JUNIOR :
Paul Jennings a déjà publié :
Le Machin-bidule
Le Machin-bidule court toujours,
tous les deux illustrés par Pef. Ces titres font partie depuis plusieurs années des meilleures ventes en Australie.

DÉMENT !

UN ROMAN EN SIX PARTIES

Tournez vite la page
pour en savoir plus...

ATTENTION, LES VERS N'ÉPARGNERONT PERSONNE DANS...

DÉMENT ! N°1

Découvrez dès maintenant un extrait du premier chapitre…

« Sur la pelouse, une grosse pie picorait un quignon de pain que papy avait jeté là. Elle a fixé avec intérêt les vers qui se faufilaient entre les brins d'herbe, puis elle a sautillé dans leur direction.

De la nourriture.

La pie avait raison sur ce point. Il y avait bien de la nourriture en vue.

Mais c'était elle le plat principal.

Horreur ! Les vers se sont mis à fondre sur le pauvre oiseau. Il a poussé un cri puis s'est envolé juste au-dessus de nos têtes. Les vers l'ont aspiré en plein vol. A grands coups de gueule et de langue, ils l'ont vidé sous nos yeux. Sans un bruit, la pie et ses passagers clandestins se sont écrasés dans l'herbe. Les plumes sont retombées en tourbillonnant doucement.

Lorsque la dernière plume a touché terre, la pie n'était plus qu'une carcasse aux orbites vides.

Après ce repas, les vers paraissaient plus gros. Oui, pas de doute, ils avaient grossi. Mais ça ne les ralentissait en aucune manière. Nous n'avons pas eu le temps d'ouvrir la bouche qu'ils avaient déjà tous traversé la pelouse pour disparaître dans le garage.

Quel spectacle atroce ! Les vers avaient dévoré cette pie vivante. En se goinfrant comme des chancres. Il fallait que je dise à Kate ce que j'avais fait. Maman et Jack étaient en danger.

Les mots sont d'abord restés coincés dans ma gorge, mais j'ai réussi à les prononcer :

– Kate, j'ai mis des vers dans leur ragoût.

Elle s'est tournée vers moi, mi-furieuse, mi-horrifiée.

– Tu en as mis dans leur ragoût ? Mais mon père va en manger !

– Maman aussi. »

ATTENTION. LES GRENOUILLES AVALENT TOUT SUR LEUR PASSAGE DANS...

DÉMENT ! N°3

Découvrez dès maintenant un extrait du premier chapitre…

« Je ne m'étais jamais senti aussi peu chez moi dans ma nouvelle maison.

Je regardais par la fenêtre de la cuisine avec papy. Les grenouilles étaient toujours là.

Le général dévorait ses soldats les uns après les autres. Il broyait, croquait, mâchouillait et engloutissait. A chaque bouchée, il augmentait de volume. La file des grenouilles progressait en piétinant comme des troupes attendant le peloton d'exécution. Ils sautaient sans rechigner dans la gueule béante. Pas l'ombre d'une protestation. Ils se sacrifiaient allègrement. Mais dans quel but ?

Le général avait la taille d'un chien et il continuait de grossir. Les petites grenouilles avaient échoué dans leur tentative d'entrer dans la maison. Alors elles rassemblaient leurs forces. Elles formaient une seule et gigantesque grenouille. Capable de...

Capable d'enfoncer la porte !

C'était fou. Complètement fou. Elles auraient pu m'attaquer sur la route. Mais elles m'avaient dépassé sans s'occuper de moi. Elles avaient sauté par dessus ma tête. Alors après qui en avaient-elles ?

Il ne pouvait s'agir que d'une personne. Papy.

– Il faut qu'on arrête ce monstre, ai-je dit d'une voix tremblante.

– Randy, tu sais que dans le temps j'étais un Rat ?

Oh non. Voilà qu'il se remettait à délirer. Cette fois, il se prenait pour un rat !

– Les Rats de Tobrouk, qu'on nous appelait ! Pendant la guerre. On a résisté pendant des mois à Rommel. J'étais dans les blindés.

J'ai essayé de ne pas me laisser irriter par les radotages de papy. Le général avait maintenant la taille d'un mouton… »

ATTENTION, LES ESCARGOTS DEVIENNENT FOUS DANS...

DÉMENT ! N°4

Découvrez dès maintenant un extrait du premier chapitre...

« J'avais l'impression d'être devant un miroir. Le garçon qui me regardait à travers le feuillage avait mes yeux, mes oreilles et mes cheveux. Mon nez aussi. Sa lèvre supérieure s'ornait d'un fin duvet, il était un peu plus grand que moi et il avait quelques boutons d'acné.

Mais à part ça, ce garçon était moi. Il a cligné des yeux, tout éberlué.

J'avais été poursuivi par des vers géants. J'avais plongé le regard dans la bouche d'une grenouille grosse comme un boeuf. J'avais vu la mère de Kate revenir des morts, sourire aux lèvres. Et j'avais suivi un escargot-boussole à travers la moitié du pays. Mais ça n'était rien comparé à ce que je ressentais.

Je connaissais ce garçon. Et réciproquement. Mais comment peut-on connaître quelqu'un qu'on n'a jamais vu de sa vie ? Et pourquoi mon estomac faisait-il des sauts de carpe ? Pourquoi avais-je les mains aussi moites ?

Je me faisais l'effet d'un gamin qui, le matin de Noël, reçoit un cadeau auquel il ne s'attend pas du tout. C'était comme assister à une naissance. Bizarre. Vraiment bizarre.

– L'escargot s'est échappé. L'escargot s'est échappé !

La voix stridente de Kate est montée jusqu'à moi.

De mon perchoir, je ne voyais pas le sol. Mais j'ai réalisé avec effarement que l'escargot infecté avait dû s'échapper lorsque j'avais lâché la boîte. Cet escargot à tête chercheuse qui voulait tuer mon père.

– Il monte dans l'arbre, a crié la voix chevrotante de papy. Il infiltre nos défenses. Sus au déserteur !

Le garçon était sidéré. Quant à moi, j'étais terrorisé... »

ATTENTION. LES PLANTES ONT UN APPÉTIT FÉROCE DANS...

DÉMENT ! N°5

Découvrez dès maintenant un extrait du premier chapitre...

« J'étais cuite.

La plus longue racine du monde était enroulée autour de moi. Elle me ceinturait. Elle m'écrasait. Je lui avais fait mal et elle criait vengeance.

A des kilomètres de là, à l'endroit où on avait campé la nuit précédente, la poupée à tête de pomme de Randy, contaminée, envoyait un message qui courait le long de la racine jusqu'à ses bourgeons.

TUER KATE.

Je lui en ai envoyé un à ma manière.

VA TE FAIRE...

La douleur me brûlait la poitrine. J'avais l'impression que mes côtes craquaient. Je luttais pour inspirer de l'air dans mes poumons comprimés. J'ai essayé de passer les pouces sous les filins d'acier pour les arracher.

Impossible.

La plante semblait puiser de nouvelles forces vitales dans ma mise à mort. Des vrilles glissaient le long de mon dos pour enlacer mes jambes. Des bourgeons s'entortillaient dans mes cheveux.

J'ai tenté de les écarter, mais de nouvelles pousses m'ont ficelé les bras. Leur écorce velue me cisaillait la peau et mes mains garrottées ont commencé à s'engourdir.

Je me suis rendu compte que je hurlais.

J'ai arrêté.

Je me suis débattue pour absorber plus d'air. Mais c'était sans espoir. Mon cerveau allait manquer d'oxygène. Ma vue se brouillait. Tout devenait flou autour de moi. La route étroite, qui pourtant traversait la plaine en ligne droite, me semblait soudain aussi sinueuse que la racine qui s'étirait à perte de vue sur son tracé… »

ATTENTION.
LA FIN EST PROCHE DANS...

DÉMENT ! N°6

Découvrez dès maintenant un extrait
du premier chapitre...

« Papy a posé ses yeux sur moi. Puis il s'est mis à hurler. Il avait l'air terrifié. Surpris, j'ai reculé sur l'étroite jetée souterraine.

Quoi ? Qu'y avait-il ? J'ai regardé autour de moi, cherchant à comprendre. L'eau murmurait le long du tunnel. Les rats couraient dans les coins sombres. On était seuls, perdus, mais je ne voyais pas de raison de pousser des cris pareils. Aucune trace de l'homme à tête de pomme. Pas de visage monstrueux qui nous observait dans le noir.

A moins que... Papy me regardait comme si l'ennemi, c'était moi.

–Qu'est-ce qu'il y a, papy ? N'aie pas peur, je ne vais te faire de mal.

– Va-t-en. Arrière, sale espion !

Ses jambes grêles se sont mises à trembler et j'ai cru qu'il allait retomber à l'eau.

– Papy, c'est moi, Randy. Tu recommences à avoir des visions.

– Randy ? Tu ne peux pas être Randy. Tu es… tu es… un monstre.

J'ai porté les mains à mon visage, je l'ai tâté. Ma chair était toute flasque et ridée. Rien qu'au toucher, c'était horrible.

Et ça n'était pas tout. Je ne sentais pas la pression de mes doigts sur mes joues ! Je me suis pincé le nez. Rien. Je pouvais palper et sentir mon visage. Mais mon visage, lui, était devenu complètement insensible.

Pris de panique, j'ai touché ma bouche et mes lèvres, j'ai exploré la courbe de mon menton. Tout était bien en place mais rien n'avait l'air comme avant. On aurait dit que mon visage appartenait à un autre. A un envahisseur. Un frisson glacé m'a parcouru. Oui, j'étais envahi. Des germes maléfiques avaient pris possession de mon corps… »

Connaissez-vous les autres
séries de la collection
FOLIO JUNIOR ?

ANIMORPHS

Nous avons un **pouvoir** extraordinaire : celui de nous **transformer** en animal. Et de nous cinq dépend le sort du monde, menacé par une invasion **extraterrestre**. Mais nous ne pouvons vous dire qui nous sommes. C'est trop **risqué**. Nous devons être prudents, très **prudents**. Car s'**Ils** nous trouvent... Ce que vous devez savoir, c'est que nous sommes tous en **danger**.

Oui, même vous !

Déjà parus dans la série

ANIMORPHS

MEGAMORPHS

INTERNET AVENTURES

Trois séries qui font reculer
les frontières du mystère
et de l'aventure...

Internet détectives

1. S.O.S. sur le Net
2. Échec et Net
3. Tempête sur le Net
4. Cybercollège
5. Terreur sur le réseau
6. Le pirate du Web
7. Danger, Virus!
8. Connexion interdite

@ Cybersurfers.

1. L'aventurier du Web
2. La cité virtuelle
3. Correspondant fantôme
4. Menaces en ligne

danger.com

1. Nom de code : Gemini 7
2. Meutres dans le cyberespace
3. Destinataire inconnu
4. Le maître du cybermonde

Loi n° 49-956 du 16 juillet 1949
sur les publications destinées à la jeunesse
ISBN 2-07-052828-6
Dépôt légal : avril 2000
Numéro d'édition : 91901
Numéro d'impression : 50125
Imprimé sur les presses de la Société Nouvelle Firmin-Didot